David Michie

Der Medizin-Buddha

Eine buddhistische Heilweise

Ein Heilungs-Mantra

David Michie

Der Medizin-Buddha

Eine buddhistische Heilweise

EIN HEILUNGS-MANTRA

Aquamarin Verlag

Titel der englischen Originalausgabe:
Medicine Buddha

Original English language edition published by
Conch Books 97 Barker Rd., Subaco, WA6008,
Australia.
Arranged via Licensor's Agent: DropCap Inc.

Deutsche Ausgabe:
1. Auflage 2024

Voglherd 1, 85567 Grafing
www.aquamarin-verlag.de

Übersetzung aus dem Englischen: Petra Michel
Lektorat: Annerose Sieck
Umschlaggestaltung: Annette Wagner

ISBN: 978-3-89427-938-7
Druck: CPI · Ulm

Inhalt

Widmung

Voll herzlicher Dankbarkeit für meine geliebten Gurus:

Les Sheehy, außerordentliche Quelle der Inspiration und Weisheit;
Geshe Acharya Thubten Loden, unvergleichlicher Meister und Verkörperung des Dharmas;
Zasep Tulku Rinpoche, edler Vajra Acharya und Yogi.

Guru ist Buddha, Guru ist Dharma, Guru ist Sangha, Guru ist die Quelle allen Glücks. Ich verneige mich vor allen Gurus, bringe meine Gaben dar und nehme Zuflucht bei ihnen.

Möge dieses Buch Wogen der Inspiration von meinen eigenen Gurus zu den Herzen und Gedanken zahlloser Lebewesen tragen.

Mögen alle Wesen glücklich sein und die wahren Ursachen des Glücks besitzen.
Mögen alle Wesen frei sein von Leid und von den wahren Ursachen des Leids;
Mögen alle Wesen niemals das Glück verlieren, das ohne Leiden ist, die große Freude der Befreiung im Nirvana;
Mögen sich alle Wesen in Frieden und Gleichmut befinden
Und ihr Geist frei sein von Anhaftungen und Abneigungen, sowie frei von Gleichgültigkeit.

Einleitung

Die Worte »Medikation« und »Meditation« unterscheiden sich aus gutem Grund nur in einem einzigen Buchstaben: Sie stammen beide vom lateinischen Wort *medeor* ab, das »heilen« bedeutet. Ganz gleich, ob wir medikamentieren oder meditieren, das Ziel ist das gleiche.

Obgleich die westliche Medizin enorme Fortschritte gemacht hat, lag der Fokus dabei jedoch stets auf dem biologischen System des Menschen. Weniger bekannt, aber genauso bedeutsam, sind die Heilungsübungen des

Tibetischen Buddhismus, die eine ähnliche, aber doch gegenläufige Ausrichtung haben, da sie sich auf das energetische System des Menschen beziehen.

Wir dürfen uns wahrlich glücklich schätzen, in einer Zeit zu leben, in der wir Zugriff auf das Beste aus Ost und West haben.

Körper und Geist: Zwei Aspekte desselben Ganzen

Die Wechselwirkung von Energie und Materie, Geist und Körper, findet zunehmend Akzeptanz. Keine medizinische Augenbraue schnellt bei der Aussage, dass Stress eine Ursache eines Herzinfarktes sein kann oder Angstgefühle zu Verdauungsproblemen führen können, mehr in die Höhe. Ein Unwohlsein des Geistes manifestiert sich also durchaus auf der körperlichen Ebene. Die einzige Frage dabei ist, wie intensiv sich dieses Unwohlsein ausdrücken kann.

Der Ausbruch einer Krankheit könnte daher zu einem interessanten Ansatzpunkt werden. Was, wenn diese Erkrankung nicht nur ein zufälliges Geschehen darstellt, sondern aus einem Ungleichgewicht unseres inneren Zustands resultiert? Viele von uns sind gewissen Viren ausgesetzt, aber nur einige von uns reagieren darauf, und noch dazu in ganz unterschiedlichem Ausmaß. Warum ist das so?

Wenn wir hier im Westen krank werden, ist unser erster Instinkt oftmals, nach einer medizinischen – externen, physischen – Lösung zu greifen. Selbst wenn unsere Symptome eher mentaler Natur sind, wie etwa bei einer Depression oder bei Schlaflosigkeit, ist es wahrscheinlich, dass wir die Arztpraxis mit einem Rezept für ein Medikament oder mit einer Überweisung zu einem Psychologen verlassen. Und wer weiß, vielleicht hilft unser Glaube an die Wirksamkeit eines Medikaments genauso viel wie das Medikament selbst? Doch solange wir nicht die Kraft unseres eigenen Geistes zum Einsatz bringen, bekämpfen wir die Krankheit nur mit halber Kraft – so als würden wir freiwillig einen unserer Arme hinten am Rücken festbinden, anstatt beide zu benutzen. Doch warum handeln wir so unvernünftig, obgleich uns doch so machtvolle innere Werkzeuge zur Verfügung stehen?

Krankheit als Weg zu innerem Wachstum

Als ich ungefähr dreißig Jahre alt war, bekam ich zum ersten Mal kleine rote Quaddeln, die sich in den darauffolgenden Wochen auf meinen Armen, Beinen und meinem ganzen Oberkörper ausbreiteten. Als es an einem Tag ganz schlimm wurde und mein gesamter Rücken von dem juckenden Ausschlag übersät war, ging ich zum Arzt, der folgerichtig eine Idiopathische Urtikaria, eine Allergie mit unbekannter Ursache, diagnostizierte und mir Antihistaminika verschrieb. Er riet mir, die Symptome dadurch zu bekämpfen, indem ich immer eine Pille schluckte, sobald ich den Juckreiz verspürte.

Das tat ich dann auch. Aber nach einigen Monaten, als ich gerade wieder eine Pille schlucken wollte, wurde mir klar, dass ich nur die Symptome kaschierte, ohne die Ursache anzugehen. Ich wusste ja noch nicht einmal, was die Ursache eigentlich war. Zufällig entdeckte ich die Broschüre einer Heilpraktikerin aus der Gegend, was mich dazu brachte, ihre Praxis zu besuchen. Im Gegensatz zum Arzt nahm sie sich die Zeit, mich zu fragen, was ich so im Laufe eines Tages zu mir nahm. Als ich die fünfte Tasse Kaffee aufzählte, merkte sie vorsichtig an, dass ich eine Kaffeeintoleranz haben könnte. Sie nahm auch wahr, dass ich arg gestresst war. Ihr Rezept war eine rigorose Entgiftung – und Meditation.

Es ist absolut keine Übertreibung, wenn ich behaupte, dass ihre Empfehlung mein Leben verändert hat. Jahrzehnte später bin ich tatsächlich dankbar für die Symptome, die mein Körper aufgrund der Koffeinintoleranz zum Ausdruck brachte. Sie haben mich auf einen Weg gebracht, der zur Erfahrung einer viel entspannteren, umfassenderen, meine Umgebung einbeziehenden und segensreicheren Realität geführt hat, als jene angespannte, engstirnige Version, in der ich damals steckte. Meine physische Krankheit war zu einem Katalysator inneren Wachstums geworden.

Ich weiß, dass dies anderen Menschen ähnlich ergeht. Manche haben mir erzählt, dass sie sogar dankbar für lebensbedrohliche Krankheiten wie Krebs oder einen Herzinfarkt waren. Es liegt an uns selbst, eine körperliche Krankheit neu zu interpretieren und als Motivator zu verstehen, um zu hinterfragen, wer und was wirklich wichtig für uns ist. Sie kann uns sogar dazu verhelfen, Änderungen vorzunehmen, deren Notwendigkeit wir vielleicht schon gespürt haben, aber aus den verschiedensten Gründen nicht umsetzen konnten. Viktor Frankl, ein Psychiater und zudem ein Überlebender von Konzentrationslagern, der aus eigener Erfahrung erlebt hat, was es bedeutet, alles zu verlieren, machte die Beobachtung, dass »man dem Menschen alles nehmen kann, nur nicht die letzte menschliche Freiheit, sich zu den gegebenen Verhältnissen so oder so einzustellen, seinen eigenen Weg zu wählen«.

Krankheit mag uns geschwächt oder verängstigt zurücklassen. Oder auch empathisch, mitfühlend und authentisch. Körperliches Leiden kann uns aber auch auf eine transzendente Reise katapultieren. Ganz so, wie es der Osten ausdrückt – ohne Schlamm gibt es auch keine Lotosblüte.

Geistestraining für Heilung und Transzendenz

Wie genau können wir also den Schlamm in eine Lotosblüte transformieren? Welche Methoden gibt es, durch die wir mithilfe unserer eigenen Geisteskräfte und der konventionellen Medizin Krankheiten verhindern oder ihnen entgegenwirken können. Der Tibetische Buddhismus kennt eine Reihe von Heilungsmethoden, von denen der Medizin-Buddha wahrscheinlich die bekannteste ist. Dabei handelt es sich um ein machtvolles, ganzheitliches Paket aus Meditation, Mantra-Rezitation und Visualisierung.

Bevor ich weiter ins Detail gehe, möchte ich noch betonen, dass es sich beim Buddhismus nicht um eine theistische Tradition handelt. Es gibt keinen Glauben an ein externes, wohlwollendes und allmächtiges Wesen, das man auf die eine oder andere Weise bitten könnte, uns von unserer Krankheit zu erlösen. Nach Ansicht eines Buddhisten hätte ein solches Wesen bereits eingegriffen, wenn es denn existieren sollte. Wer von uns hätte nicht, trotz all unserer Begrenzungen, Leiden ein für allemal abgeschafft, wenn wir die Möglichkeit dazu hätten?

Es ist vielmehr ratsam, sich den Medizin-Buddha als eine Verkörperung von Eigenschaften vorzustellen, die symbolisch für kraftvolle Energien stehen – kraftvolle Energien, die wir anzapfen können, indem wir Übungen ausführen, die andere Praktizierende bereits seit Jahrtausenden angewendet haben. Das buddhistische Konzept von *shunyata*[1] kann uns dabei helfen, diese Vorstellung besser zu verstehen. Da eine genaue Erläuterung dieses Konzeptes über den Rahmen dieses Buches hinausgeht, bitte ich die interessierten Leser, sich darüber an anderer Stelle zu informieren.[2] Die Übung des Medizin-Buddha kann jedoch auch ohne diese zusätzliche Information ausgeführt werden.

Unser größtes Problem in der Annäherung an diese Praxis besteht darin, dass wir in der Regel unser eigenes Licht unter den Scheffel stellen, unsere wahren Fähigkeiten nicht erkennen. In einer Gesellschaft, die noch immer unbewusst an den überholten Vorstellungen der Newtonschen Physik festhält, gehen wir davon aus, dass Materie alles ist, was existiert, und haben daher eine tragisch reduzierte Vorstellung davon, wer und was wir sind.

Die Meister des Tibetischen Buddhismus, ähnlich wie Quantenwissenschaftler, haben eine gänzlich andere Perspektive. Was, wenn feste Materie eher Illusion als Wirklichkeit ist? Was, wenn die Existenz der Dinge eine Fluidität und Verwobenheit hat und genauso sehr vom Geist des Beobachters abhängt wie von dem, was beobachtet wird? Was, wenn unser Bewusstsein in Wahrheit nicht durch die Größe unseres Kopfes begrenzt wird, sondern grenzenlos ist? Was, wenn ein Teilchen auch eine Welle ist und seine Art und Weise der Manifestation durch Intention beeinflusst werden kann? Derartige Möglichkeiten eröffnen einen vollkommen anderen Ansatz für Heilung.

Geshe Acharya Thubten Loden, der Gründer der *Tibetan Buddhist Society* in Melbourne, Australien, pflegte sich oftmals auf seinem Lehrpodest nach vorne zu lehnen, wobei er mit dem Zeigefinger seiner linken Hand einen winzigen Kreis bildete: »Euer Problem ist, dass Euer Geist nur so klein ist«, pflegte er zu sagen, »so klein wie ein Sesamkörnchen!«

Geshe-la forderte uns stets auf, in größeren Dimensionen zu denken, unsere Vorstellungen über Bewusstsein und das, was möglich war, zu erweitern – Praktiken, die er uns selbst vorlebte.

Es ist mir nun eine Ehre, seine Aufforderung an Sie weiterzugeben. Ihr Geist hat nicht die Größe eines Sesamkorns. Ihr Bewusstsein ist zu weit mehr fähig, als sie denken mögen. Wenn es um Heilung geht, müssen Sie nicht einfach nur eine Pille schlucken oder sich der Chemotherapie unterziehen und dann auf das Beste hoffen. Es gibt Dinge, die Sie darüber hinaus zu ihrer Genesung beitragen können. Über den Medizin-Buddha haben wir die außerordentliche Möglichkeit, die Kräfte unseres eigenen Geistes zu entfesseln –, um so aus den Herausforderungen, denen wir gegenüberstehen, mit größerer Dankbarkeit, Leichtigkeit und einer umfassenderen Erkenntnis unserer eigenen Möglichkeiten hervorzugehen, als wir es uns jemals hätten vorstellen können.

Wie funktionieren tibetische Heilungspraktiken?

Eine westliche Perspektive

Wenn Lamas des Tibetischen Buddhismus Heilungspraktiken wie den Medizin-Buddha unterrichten, sprechen sie in der Regel nicht über Dinge wie evidenzbasierte Forschungen, mögen diese auch noch so interessant erscheinen. Die tiefgreifenden Auswirkungen von Meditation auf Endorphine und Telomere mögen für all jene spannend sein, die einen Beweis für die tatsächliche Wirksamkeit östlicher Praktiken finden wollen. Im Himalaya, wo der Medizin-Buddha seit Jahrhunderten praktiziert wird und wo Tibetische Buddhisten eine völlig natürliche Ehrerbietung ihren Lehrern gegenüber empfinden, nimmt jeder diese Übungen vertrauensvoll an und praktiziert sie.

Wir mögen darüber lächeln. Aber ist dies wirklich ein so großer Unterschied zu dem Vertrauen, das wir unseren Apothekern und Ärzten entgegenbringen? Wenn diese uns sagen, dass uns eine bestimmte Medizin helfen wird, sind wir nur allzu gern bereit, ihnen zu glauben. Wir sind in der Regel nicht in der Lage, irgendeine fachliche Erklärung, die sie uns vielleicht mit auf den Weg geben, infrage zu stellen. Wir nehmen die Medizin ein, weil wir davon ausgehen, dass sie mehr davon verstehen als wir und um unser Wohlergehen bemüht sind.

Geistige Heilungspraktiken sind zwar im Himalaya seit Langem akzeptiert, doch im Westen noch relativ unbekannt. Für all jene von uns, die zu empirischer Sorgfalt neigen, ist es beruhigend zu wissen, dass mithilfe wissenschaftlicher Untersuchungen umfangreiche Beweise für die Wirksamkeit dieser Praktiken gefunden wurden. Interessanterweise haben wir erst in der letzten Zeit Technologien zur Verfügung, die genau genug sind, um zu bestimmen, wie tiefgreifend die Wirkungen tatsächlich sind, denn diese liegen hauptsächlich jenseits unserer bewussten Wahrnehmung.

Wir wollen uns deshalb jetzt mit einer Reihe unterschiedlicher Erklärungen für die Wirkung dieser geistigen Heilweisen auseinandersetzen. Einige davon basieren auf exakten Messungen, andere sind hypothetisch. Halten

Sie sich einfach an die, die Sie für nützlich erachten, während Sie die anderen erst einmal links liegen lassen.

Meditation ist grundsätzlich heilend

Meditation ist eine heilende Tätigkeit. Der einfache Akt, mit konzentriertem Geist in Meditationshaltung dazusitzen, hat eine tiefgreifende Wirkung auf Geist und Körper. In den 1980er-Jahren untersuchte der Kardiologe der *Harvard Medical School*, Dr. Herbert Benson, wie er den Körpern seiner Patienten dabei helfen könnte, das zu tun, was sie am besten konnten: sich selbst zu verarzten. Er erforschte eine Reihe unterschiedlicher Methoden und stellte fest, dass Meditation die beste Methode der Selbstheilung ist. Er fand es besonders auffällig, dass dieser Selbstheilungsprozess weit über die jeweilige Meditationssitzung hinaus verstärkt wurde und die Vorteile über eine Zeitspanne hinweg kumulativ ausfielen.

Zahlreiche Forschungen zu dem Thema zeigen, dass wir, wenn wir meditieren, hormonell umschalten, indem wir signifikant weniger vom Stresshormon Kortison produzieren, dafür aber die Menge der Immunität stärkenden Endorphine drastisch erhöhen. Endorphine sind unsere vorderste Verteidigungsfront gegen Viren und andere Fremdorganismen. Es ist daher auch kein Zufall, dass wir Erkältungs- und Grippeviren eher zum Opfer fallen, wenn wir uns erschöpft fühlen.

Heutzutage, wo wir Coronaviren und anderen Angriffen auf unsere Gesundheit immer stärker ausgesetzt werden, sind Ängstlichkeit und Besorgnis nicht nur einfach eine unglückliche

Geisteshaltung. Fast immer wird dadurch auch unsere Endorphin-Produktion weit unter einen Level gesenkt, der gut für uns ist. Und selbst wenn wir einmal nicht in der Lage sein sollten, einen hoch ansteckenden Virus erfolgreich abzuwehren, wird auch der Schweregrad, mit dem wir in dem Fall betroffen sind, durch unsere Immunabwehr bestimmt. Die Kontrolle über unseren mentalen Zustand ist daher von entscheidender Bedeutung.

Ein weiteres immunitätssteigerndes Hormon, dessen Menge durch Meditation signifikant erhöht wird, ist Melatonin, ein wichtiges Antioxidans, das schädliche freie Radikale zerstört, die auf der Zellebene große Schäden verursachen.

Der Spiegel von Serotonin, einem Neurotransmitter, wird ebenfalls durch Meditation erhöht. Dabei handelt es sich um ein Hormon, das die Stimmung, den Appetit und den Schlaf reguliert. Auch wenn es unser Immunsystem nicht direkt beeinflussen mag, spielt es doch eine wichtige, unterstützende Rolle. Interessanterweise sind die meisten Antidepressiva heutzutage selektive Serotonin-Wiederaufnahme-Inhibitoren, sogenannte SSRIs[3], die ihre Wirkung durch eine Anhebung des Serotoninspiegels im Gehirn erzielen. Wie wäre es, wenn wir uns selbst unser tägliches Anti-Depressivum durch Meditation verabreichen würden?

Aktuelle Studien zeigen auch, wie Meditation chronische Entzündungen, wie Gelenkrheuma, Asthma und entzündliche Darmerkrankungen beeinflussen kann. Sie hat auch Einfluss auf den Alterungsprozess, indem sie den Telomerase-Spiegel erhöht – ein Enzym, das die Widerstandsfähigkeit der Telomere, die Schutzkappen unserer DNS, unterstützt.

Meditation verändert offenbar messbar und deutlich die Chemie unseres Körpers zum Besseren. Aber wie stellt sie das an? Einfach ausgedrückt, unsere Körper sind hoch effektiv darin, das physiologisch umzusetzen, was in unserem Geist abläuft. Erschreckende Gedanken veranlassen den präfrontalen Kortex unseres Gehirns, abzuschalten und unsere Amygdala hochzufahren, sodass wir augenblicklich bereit sind, zu kämpfen oder zu fliehen. Sexuelle Gedanken verursachen eine ganz andere Kette hormoneller und physiologischer Reaktionen. Wir werden das, was wir denken – bisweilen fast augenblicklich.

Wenn wir meditieren, optimieren wir bewusst unseren Geisteszustand – und unser

Körper reagiert darauf. Ruhe, Zuversicht und Gelassenheit werden physiologisch auf eine Weise umgesetzt, die wir jetzt sogar messen können. Offensichtlich hilft eine regelmäßige Meditation dabei, die glücklichste, gesündeste, immunstärkendste, ausgeglichenste und schmerzfreieste Version unserer selbst zum Vorschein zu bringen. Zudem sind jegliche Nebenwirkungen ganz und gar positiv!

Vorstellungen haben die gleiche biologische Wirkung wie Handlungen

In einem berühmten Experiment des Neurowissenschaftlers Alvaro Pascual-Leone wurden Menschen angeworben, die bislang noch keine Erfahrungen am Klavier hatten. Man brachte ihnen dann bei, eine einfache Melodie zu spielen. Die Probanden wurden in zwei

Gruppen unterteilt, von denen die eine tatsächlich auf dem Klavier übte, während die andere zwar am Klavier saß, aber sich nur vorstellte, die Melodie zu spielen.

Mithilfe von Transkranieller Magnetstimulation (TMS) wurde die Gehirnaktivität jedes Probanden vor, während und nach dem Experiment aufgezeichnet. Pascual-Leone stellte fest, dass diejenigen, die sich ihr Klavierspiel nur vorstellten, genau die gleichen Veränderungen im Gehirn aufwiesen, wie jene, die tatsächlich auf dem Klavier spielten. Ihre Gehirne reagierten auf die Vorstellung genauso, als würden sie eine reale Tätigkeit ausführen.

In einer anderen Studie von Professor Karen Olness wurde Kindern ein Video gezeigt, in dem Polizisten-Puppen – die das Immunsystem repräsentieren sollten – gegen Viren-Puppen kämpften, wobei in einfachen Worten erklärt wurde, was dabei vorging. Es schloss sich eine angeleitete Imaginationsübung an, bei der sich die Kinder vorstellen sollten, wie Horden von Polizisten-Puppen in ihrem Körper arbeiteten. Als danach Speichelproben entnommen wurden, war deren Immunoglobulin-Spiegel deutlich erhöht, so als hätten die Kinder gerade eine wirkliche Infektion überstanden.

Für unseren Geist und Körper kann das, was wir uns vorstellen, real sein. Wir erleben Schrecken pur, mit all den damit verbundenen physiologischen Auswirkungen, wenn wir auf etwas treten, was wir für eine Schlange halten, auch wenn es sich danach herausstellt, dass es sich nur um einen Zweig handelte. Die einfache Vorstellung von unserem oder unserer Geliebten erregt uns bereits, obgleich diese sich in einer anderen Stadt befinden. Unser Geist ist beeinflussbar.

Deswegen verwundert es nicht, dass der Schwerpunkt aller Heilungspraktiken des Tibetischen Buddhismus eine intensive Visualisierung beinhaltet. Für den Medizin-Buddha strömen beispielsweise heilende Lichtströme und Nektare vom Körper und der Schale des Buddha in den eigenen Körper, eliminieren auf diese Weise alle negativen Einflüsse, Krankheiten und schädlichen Viren und verbessern so die Immunität, das Energieniveau und die Widerstandsfähigkeit ganz beträchtlich. Wobei wir jeweils darauf achten sollten, diesen Prozess so lebendig wie möglich, aber gleichzeitig auch so persönlich wie machbar zu gestalten. Wenn wir zum Beispiel gegen Krebs in einem bestimmten

Organ kämpfen, ist eine Visualisierung auf genau das Organ empfehlenswert.

Erfahrung spiegelt Erwartung wider

Obgleich wir uns für unbeteiligte Beobachter unserer Umwelt halten, sieht die neurowissenschaftliche Realität jedoch so aus, dass wir unsere eigene Wirklichkeit weit mehr erschaffen, als wir annehmen. Unsere Erfahrungen werden weitgehend durch unsere Erwartungen und Glaubensvorstellungen geformt – eine Dynamik, die sich intensiv auf den Heilungsprozess auswirkt.

Der Placebo-Effekt ist ein gutes Beispiel dafür. Darunter versteht man das, was geschieht, wenn Personen eine Zucker-Pille einnehmen, die kein wirksames Arzneimittel enthält, wobei ihnen jedoch versichert wird, dass diese Pille ihre Schmerzen lindern würde. Und tatsächlich verringern sich die Schmerzen durch die Einnahme der Zucker-Pille! Zahlreiche Versuche haben gezeigt, dass die Wirksamkeit von Placebos – verglichen mit wirklichen Arzneimitteln – zwischen 15% bis 70% liegt. Placebos wurden für die vielfältigsten Krankheiten untersucht, von chronischen Schmerzen und Depression bis hin zu Parkinson. Studien zeigen zudem, dass der Placebo-Effekt unabhängig ist von Faktoren wie Intelligenz oder der Tatsache, dass die Probanden wirklich daran glauben, dass diese wirksam sind. Und die Wirkung ist keinesfalls nur subjektiv – Studien an Asthma-Patienten ergaben eine verringerte Verengung der Bronchien, und Patienten mit chronischen Schmerzen wiesen höhere Endorphin-Spiegel auf, nachdem sie ein Placebo genommen hatten. Interessanterweise war der Placebo-Effekt umso stärker, je mehr Kontakt die Patienten mit Arzt oder Ärztin hatten.

In einigen religiösen Gruppen unserer westlichen Kultur haben Geistheilung oder Gesundbeten einen angestammten Platz, wobei Spontanheilungen und andere Wunder immer wieder auftreten. Diese Heilungen werden Gott, Engeln, dem Heiligen Geist oder anderen mächtigen und externen Autoritäten zugesprochen.

Ich bin in Simbabwe aufgewachsen und vertraut mit den Fähigkeiten des N'anga, des traditionellen Heilers der Shona. Von ihm glaubte man, dass er nicht nur Heilfähigkeiten, sondern auch finstere Kräfte besaß, mit denen er einen Menschen mit einem Todesfluch belegen konnte – der dann auf unerklärliche Weise dahinsiechte oder eine tödliche Krankheit entwickelte.

Der rote Faden, der sich durch all dies hindurchzieht, ist, dass Glaube, Vertrauen oder eine Erwartungshaltung allein schon genügen, um Heilung zu bewirken. Ob wir nun dem Arzt im weißen Kittel, dem Priester in seinem purpurnen Gewand, dem N'anga im Leopardenfell oder gar den Institutionen, für die sie stehen – Wissenschaft, Gott, Geister – vertrauen, der Prozess ist stets der gleiche.

Was ich diesbezüglich am Tibetischen Buddhismus schätze, ist die Art und Weise, mit der dieser all dies einfach zur Seite schiebt, um dann zu dem vorzudringen, was wirklich wesentlich ist. Allerdings kommt dem Leiter – in unserem Fall also dem Lehrer – eine wichtige Rolle zu, nämlich Vertrauen in den Prozess zu vermitteln. Rituale haben ebenfalls ihren Platz. Doch Heilung selbst geschieht nicht aus einer Kraft heraus, die sich außerhalb von uns selbst befindet, obgleich es hilfreich sein kann, den Prozess auf diese Weise zu objektivieren. Die Kraft befindet sich in unserem eigenen Geist. Lassen Sie uns also darauf und auf die besonderen Praktiken vertrauen, die entwickelt wurden, um unsere unterentwickelten Heilungsfähigkeiten anzuzapfen.

Resonanz

Handlungen, die schon einmal ausgeführt wurden, fallen auch anderen Lebewesen daraufhin leichter und werden auch effektiver von ihnen ausgeführt. Wenn beispielsweise Ratten in einem Labor in den USA ein neuer Trick beigebracht wird, werden Ratten irgendwo anders auf der Welt diesen Trick schneller und leichter erlernen.[4] Mit der Zeit erreichen Menschen eine immer höhere Punktzahl in standardisierten IQ-Tests – ein Phänomen, das als *Flynn-Effekt* bezeichnet wird. Die Durchschnittswerte von 100 steigen über die Jahre hinweg stetig an. Dabei gibt es keinen Anhaltspunkt dafür, dass die Menschen intelligenter werden, sondern sie schneiden bei Intelligenztests einfach besser ab. Wenn die Tests verändert werden – was von Zeit zu Zeit gemacht wird – pendelt sich der Durchschnittswert wieder bei 100 ein.

Die Theorie von Resonanz – und es ist bisher nur eine Theorie – geht davon aus, dass wir immer dann, wenn wir etwas tun, was bereits schon einmal getan wurde, durch ein organisierendes Einflussmuster oder Einflussfeld mit anderen verbunden werden, die eben dies schon einmal ausgeführt haben. Wir resonieren mit ihnen. Wie bei anderen Feldern auch – zum Beispiel dem elektrischen, magnetischen oder Strahlungsfeld – kann das Feld unsichtbar sein, aber seine Auswirkungen sind es keineswegs.

Was geschieht also, wenn wir ein Mantra rezitieren, das seit Tausenden von Jahren von Millionen von Menschen immer wieder wiederholt wurde? Wenn wir uns auf dasselbe Bild konzentrieren und denselben Prozess energetischer Anrufung ausführen? Wir bringen uns in eine Resonanz mit ihnen. Wir profitieren von ihrem kumulativen Einfluss – und tragen gleichzeitig zu diesem Einfluss zum Segen jener, die uns nachfolgen, bei.

Wenn wir in unserem Zimmer sitzen und Mantras rezitieren, sind wir dort vielleicht allein, doch gleichzeitig stimmen wir uns auf eine Wirkung und eine Gemeinschaft ein, auf ein energetisches Feld, das auf eine Weise über die Zeit und den Raum hinausreicht, wie wir es uns normalerweise kaum vorstellen.

Die energetische Kraft von Mantras

Von Anbeginn der Zeit wurde der Klang als subtile Manifestation von Energie betrachtet. Pythagoras lehrte, dass auf die gleiche Weise, wie eine gezupfte Saite eine andere zum Vibrieren bringen kann, unser Geist bei bestimmten Klängen mitschwingt. Wir wissen alle aus Erfahrung, dass uns bestimmte Musikstücke glücklich stimmen oder uns anrühren. Studien haben darüber hinaus gezeigt, dass Klänge unsere physiologischen Funktionen verändern können.

Die Mantras des Tibetischen Buddhismus sind in der Regel in Sanskrit verfasst, die 4000 Jahre alte indoeuropäische »Muttersprache«. Das englische Wort »*mind*« (Geist, Verstand) geht beispielsweise auf das Wort »*man*« aus dem Sanskrit zurück. Und das Wort Mantra, eine Abkürzung für *man-traya*, lässt sich wörtlich mit »Geistesschutz« übersetzen.

Sanskrit war ursprünglich eine gesprochene Sprache und weniger eine Schriftsprache, wobei der Schwerpunkt auf dem Klang lag. Frühe Meditierende aus der Zeit der Veden verstanden, dass wir nicht nur aus physischen Strukturen bestehen, sondern ebenso aus energetischen – den Kanälen und Chakras des feinstofflichen Körpers. Man nimmt an, dass Mantras spezifische Klänge und Rhythmen beinhalten, welche die feinstoffliche Energie oder auch das Prana, die Lebensenergie, beeinflussen, und so eine körperliche Manifestation bewirken. Die Art und Weise, auf die wir unseren Mund und unsere Zunge bewegen, um Mantras zu formen, verbunden mit dem Klang des Mantras selbst, hat einen subtilen Einfluss, ganz gleich, ob wir die Mantras laut rezitieren oder sie einfach vor uns hinmurmeln.

Mantras können zu verschiedenen Zwecken, über Heilung hinaus, eingesetzt werden, zum Beispiel, um Energie aufzutanken, Selbstvertrauen, Harmonie oder Ausgeglichenheit wiederherzustellen. Und sie werden stets wiederholt – wobei 21-mal oder 100-mal gebräuchliche Wiederholungen von Mantras darstellen, die sich an den zu diesem Zweck konzipierten Malas – oder Rosenkränzen – abzählen lassen.

Es konnte nachgewiesen werden, dass jegliche Wiederholung einer Handlung das Gehirn verändert. Mit den Worten des kanadischen Neurowissenschaftlers Donald Hebb heißt das: »Neuronen, die zusammen feuern, sind miteinander vernetzt.« Sie schaffen dann mit der Zeit neue neuronale Netze, die bestimmte Denk- oder Verhaltensmuster gewohnheitsmäßiger oder einfacher werden lassen.

Was passiert also, wenn wir Mantras tage-, wochen- oder monatelang wiederholen? Aus der Perspektive der Neurowissenschaften heraus schaffen wir dadurch Netzwerke für bestimmte Zustände, die letztlich die Struktur unseres Gehirns umformen und dadurch zu Veränderungen in unserer Physiologie führen. Aus einem energetischen Standpunkt heraus betrachtet, verursachen die von uns erzeugten Klänge Umgestaltungen in unserem feinstofflichen Körper, was sich dann physisch manifestieren kann.

Zusammenfassung

Aus einer westlichen Perspektive heraus betrachtet, basieren Geistheilungstechniken des Tibetischen Buddhismus auf Meditation, einer Methode, die nachweislich die Immunität stärkt, Wohlbefinden steigert und Langlebigkeit unterstützt. Visualisierungen greifen auf die bewährte Kraft der Empfänglichkeit zurück, suggestiv übermittelte Informationen in die eigenen kognitiven Systeme integrieren zu können. Ein Mantra degegen verursacht Heilung durch Klänge oder ruft Veränderungen auf einer feinstofflichen, energetischen Ebene hervor. Im Zusammenhang mit Wiederholungen verändert dies unsere Gehirnstruktur und schafft so neue neuronale Netze, die sich dann in umfassenderen neurologischen Veränderungen ausdrücken. Wir haben es also mit ganzheitlichen Übungen und den daraus resultierenden ganzheitlichen Ergebnissen zu tun.

Hinzu kommt, dass die Auswirkungen dieser Übungen auf unsere innere Einstellung hinsichtlich des Umgangs mit Krankheiten erst noch weiter untersucht werden müssen. Dabei scheint es wahrscheinlich, dass sie uns so stärken. Sie unterstützen uns dabei, uns aus einer Opferposition zu befreien und zu einer Person mit größerer Einsicht und noch größerer Dankbarkeit zu werden. Wir entwickeln uns zu jemandem, der den Schlamm so weit als möglich benutzt hat, um ihn in eine Lotosblüte transformieren zu können. Wenn eine solche transzendente Transformation erzielt werden kann, ist dies vielleicht das wichtigste Ergebnis überhaupt, denn unser Geistesstrom, unser geistiges Kontinuum, besteht im Gegensatz zu unserem Körper auch nach dem Tode fort.

Der Medizin-Buddha im Kontext des Tibetischen Buddhismus

Jeder von uns findet auf unterschiedliche Weise zum Dharma, zu den Lehren des Buddha. Für einige Menschen mag die Philosophie der Herzensgüte sehr ansprechend sein. Andere dagegen sind vielleicht davon begeistert, über die »*mind-watching-mind-meditation*«, die Gedanken-Meditation[5], ihre eigenen Gedanken und Gefühle in den Griff zu bekommen. Darüber hinaus gibt es noch zahlreiche andere Konzepte und Übungen. Wir können uns darüber in Büchern oder

Online-Foren informieren oder auch an Einführungskursen teilnehmen. Wie auch immer wir zum Dharma finden, es braucht stets Zeit, um alles zu verarbeiten und das kohärente und erhabene Ganze zu verstehen.

Dabei möchte ich übrigens keinerlei Behauptungen hinsichtlich meines eigenen Verstehens des Dharma machen. Wie bei vielen anderen Weisheiten gilt auch hier, je mehr man weiß, desto unwissender fühlt man sich!

Aber ich weiß, das ganze Geschehen entwickelt sich nicht als eigenständige Übung, die sich ganz nach Belieben weglassen oder ohne Bezug auf andere buddhistische Konzepte anwenden lässt. Im Gegenteil: Wir könnten diese als Einstieg ansehen, der es ermöglicht, andere Konzepte dieser Art tiefer zu erkunden.

Die Einführung in den Medizin-Buddha stellt daher eine besondere Art von Herausforderung dar, ähnlich wie das Ansinnen, das Muster zu beschreiben, das aus einer Farbe in einem Teppich geformt wird, ohne tiefer auf das Zusammenspiel mit den anderen Farben einzugehen. In der nun folgenden Darstellung, wie der Medizin-Buddha innerhalb des Tibetischen Buddhismus selbst einzuordnen ist, habe ich daher ein paar Hinweise angeführt, die Sie dabei unterstützen können, wichtige und verwandte Themen zu erkunden und zu durchdringen, jeweils abhängig davon, wo Sie sich auf Ihrem ganz individuellen Weg befinden.

Der Sinn von Yidams[6]

Der Medizin-Buddha ist ein *Yidum* aus der Klasse der *Kriya Tantras*, der handlungsorientierten Übungen im Tibetischen Buddhismus. Andere *Kriya Tantra Yidams* sind beispielsweise die Grüne Tara, die Weiße Tara oder der Schwarze *Manjushri*. Das Wort *Yidam* wird oft einfach als »Gottheit« übersetzt. Wie aber bereits erwähnt, sollten wir sie keinesfalls als unabhängige, göttliche Kräfte ansehen, die wir um Hilfe anrufen, sondern als Anlagen oder Fähigkeiten unseres eigenen Geistes. Wir alle besitzen eine Buddha-Natur. Uns allen ist die Befähigung zur Erleuchtung zu eigen. Die Möglichkeit, alle Formen des Leidens zu überwinden, Krankheit eingeschlossen, ist nicht nur möglich, sondern für jeden einzelnen von uns vorprogrammiert – die einzige Frage dabei ist nur, wie viel Leiden wir bereit sind zu ertragen, bevor wir sagen: »Jetzt ist es genug!« Wenn Sie mehr über *Yidams* erfahren wollen, finden Sie in der Anmerkung 7 mehr dazu.[7]

Das Drehbuch unseres Geistes

Wenn wir die Übung des Medizin-Buddha ausführen, befassen wir uns mit einer Art Geistestraining, das eine ganzheitliche Kombination aus Intention, Meditation, Visualisierung und Mantra-Rezitation beinhaltet. Wie auch bei allen anderen Kriya-Tantra-Übungen halten wir uns an eine Struktur, die einem Drehbuch ähnelt, das umreißt, was gesagt und visualisiert werden soll. Es liegt in unserem Ermessen – als Regisseure unserer eigenen subjektiven Erfahrung – das Drehbuch für jede einzelne »Vorstellung« auf die für uns persönlich ausdrucksstärkste und sinnvollste Weise zu interpretieren.

Ganz allgemein beginnen wir mit den vorbereitenden Übungen der Zufluchtnahme und der Kultivierung von *Bodhichitta*[8], bevor wir die *Vier Unermesslichkeiten*[9] und das *Siebengliedrige Gebet*[10] rezitieren. Nach der Übung des Medizin-Buddha selbst, welche eine Visualisierung und Mantra-Rezitation beinhaltet, schließen wir mit einem Segensspruch ab. Die einleitenden und die abschließenden Praktiken sind von grundlegender Bedeutung, und je weiter Sie auf ihrem Dharma-Weg voranschreiten, um so bedeutsamer werden sie. Wenn Sie erst am Anfang stehen, mögen Sie sich fragen: »Warum soll ich mich mit all diesem Zeug abplagen? Ich komme einfach gleich zum Hauptpunkt!«

Dies wäre jedoch ein schwerer Fehler. Sie würden die Übung ihrer Grundlage, Kraft und Bedeutung berauben. Im Moment, solange dies alles noch ganz neu für Sie ist, vertrauen Sie mir einfach für eine Weile. Später, wenn Sie ein erfahrenerer Praktizierender sein werden, können Sie selbst die außergewöhnliche Tiefe und Bedeutung dieser begleitenden Übungen verstehen und würdigen.

Wenn Sie sich bei »Lama Google« erkundigen, finden Sie verschiedene Variationen, wie die vorbereitenden und Hauptübungen auszuführen sind, können die jeweiligen Worte sowie die Länge der Verse nachschlagen und auch, wie oft sie wiederholt werden sollten. Es gibt sogar unterschiedliche Varianten des Medizin-Buddha-Mantras selbst. Das heißt jedoch nicht, dass einige falsch und andere richtig sind. Die Unterschiede können auf der Überlieferungstradition eines Lehrers beruhen oder ob Sanskrit oder Tibetisch gesprochen wird. Zum Beispiel taucht das Wort »*svaha*« am Ende zahlreicher Mantras auf, das in der jeweiligen Sprache ganz anders ausgesprochen wird; SVA-HA im Sanskrit,

SO-HA im Tibetischen. Beides ist richtig. Nach Aussage meines Lehrers Zasep Tulku Rinpoche sind es nicht die Worte selbst, die den Mantras ihre Kraft verleihen, sondern der Glaube, mit denen sie rezitiert werden.

Wie soll man jetzt anfangen?

Wie sollten Sie vorgehen, wenn sie sich zum Medizin-Buddha hingezogen fühlen, aber Buddhismus neu für Sie ist? Müssen Sie dann beispielsweise ganz formell Zuflucht nehmen, wenn Sie die ersten Verse rezitieren? Müssen Sie das *Siebengliedrige Gebet* in vollem Umfang verstehen, bevor Sie es rezitieren?

Mit einem Wort: »Nein«. Es ist sicherlich richtig, sich bewusst zu machen, dass das vollständige Verstehen des Prozesses ein Leben lang dauert. Daher sollten wir uns erst einmal mit den Worten vertraut machen. Danach beginnen wir damit, diese zu verstehen. Noch später verinnerlichen wir dann die Bedeutung dieser Worte. Von da an wird unsere Praxis authentischer und kommt stärker vom Herzen.

All dies passiert natürlich nicht über Nacht, sondern ist ein allmählicher Prozess, den wir alle von unterschiedlichen Punkten aus beginnen. Wenn der Medizin-Buddha also Ihr erster konventioneller Kontakt mit dem Dharma ist, fangen Sie einfach an. Bedenken Sie dabei, dass nichts zufällig geschieht und es kein Zufall ist, dass Sie diese Seiten hier und jetzt lesen.[11]

Karma

Ich hatte ja bereits erwähnt, dass Lamas sich in der Regel nicht auf Endorphine oder Telomere und dergleichen beziehen, wenn sie die Übungen des Medizin-Buddha erläutern. Wie erklären sie also die Wirkung des Medizin-Buddha?

Die buddhistische Sichtweise geht davon aus, dass all unsere Erfahrungen von der Wirklichkeit, die guten und die schlechten, über Karma verstanden werden können. Wir schaffen ständig neue Ursachen für Wirkungen, die wir in der Zukunft erleben werden. Und wenn diese Ursachen auf bestimmte Bedingungen stoßen, reifen sie heran. Falls wir die subjektive Erfahrung von Überfluss haben, entwickelte sich diese aufgrund einer vorausgegangenen Großzügigkeit. Falls wir

Krankheit oder Unwohlsein erleben, liegt das daran, dass wir anderen Leid zufügten. Wobei dies nicht notwendig in diesem Leben geschehen sein muss, oder auch nicht in dem Umfang, den wir jetzt erfahren, denn Karma vervielfacht sich.

Diese Konzepte passen nur schlecht in eine Gesellschaft, die davon ausgeht, dass Kinder als leeres Blatt, als *Tabula rasa*, anstelle einer neuen Manifestation eines subtilen Bewusstseins, das bereits in anderen Zuständen existiert, zur Welt kommen.

Karma selbst ist ein äußerst umfangreiches Thema, doch ich möchte eine besondere Einzelheit hervorheben: die Subjektivität unserer Erfahrung. Wie uns die Wissenschaft zeigt, sind wir alles andere als passive Beobachter dessen, was in der Welt um uns herum vor sich geht, sondern tatkräftige Projektoren unserer jeweiligen eigenen Version der Wirklichkeit. Dabei handelt es sich um eine Version, die sich aufgrund breit gefächerter und vielfältiger Leben mit unterschiedlichstem Karma entwickelt hat und uns an die Stelle gebracht hat, wo wir uns nun im Hier und Jetzt befinden. Dies hilft auch bei der Erklärung, warum wir zwar dieselben Dinge sehen, hören und spüren wie Menschen, die uns sehr nahestehen, und doch eine vollkommen unterschiedliche Erfahrung daraus ziehen.

Wir alle sind ein Speicher karmischer Samenkörner, sowohl positiver als auch negativer, die unter bestimmten Bedingungen zur Reife kommen können. Es mag zwar nicht meine Schuld sein, dass ich so viele Schrecken im Speicher angesammelt habe – wobei sich »ich« in diesem Fall auf meine jetzige Persönlichkeit, derzeit David Michie, bezieht, und mit dem ich mich in diesem Leben identifiziere. Also mag es zwar nicht »meine« Schuld sein, aber es ist mein Problem.

Wenn wir den Dharma praktizieren, übernehmen wir eine Verantwortung für dieses Problem, indem wir negatives Karma so weit als möglich läutern und zudem positives Karma anhäufen. Der beste Weg dafür ist die bereits erläuterte Vorgehensweise – Zufluchtnahme und die Entwicklung von *Bodhichitta* sind die stärkste Grundlage für eine Läuterung, die *Vier Unermesslichkeiten* und eine Widmung erzeugen und erhalten Verdienste, und das *Siebengliedrige Gebet* dient sowohl der Läuterung als auch der Generierung von Verdiensten.

Es handelt sich hier nicht um profan dahingesagte Worte. Wenn wir ihre Bedeutung wirklich erfassen, erkennen wir, dass sie nicht nur die Kraft besitzen, ein Leben tiefgreifend zu verändern, sondern uns auch auf eine Bahn lenken, die uns letztlich über Leben und Tod hinausführen wird.

Der Medizin-Buddha wurde speziell entwickelt, um negatives Karma zu läutern, das zu körperlichen und emotionalen Krankheiten führt. Wo existiert dieses Karma? In unserem Bewusstseinsstrom. Es gibt keinen himmlischen Großrechner, keinen Buddha oder Gott, der gute Erfahrungen an rechtschaffene Menschen austeilt und die Bösen mit Unglück geißelt. Wir sind die Kapitäne unseres eigenen karmischen Bootes, die Schöpfer unseres eigenen Schicksals. Als Menschen haben wir die einzigartige Freiheit, uns bewusst dafür zu entscheiden, wohin wir gehen wollen – wenn wir diese Gelegenheit ergreifen wollen.

Um noch einmal auf unsere Ausgangsfrage zurückzukommen: Was den Buddhismus betrifft, lässt sich der Ursprung allen körperlichen Leidens als psychologisch bezeichnen. Es gibt mentale Faktoren, die uns prädisponieren, die Wirklichkeit auf eine bestimmte Weise zu erleben. Wenn wir den Medizin-Buddha praktizieren, läutern wir negative Faktoren und generieren positive. Wir können diesen Prozess rationalisieren, indem wir von Endorphinen und Telomeren sprechen, falls uns das hilfreich erscheint. Aber wenn Sie auf den Prozess vertrauen, wird die Wissenschaft dahinter weniger interessant werden – genauso wie Sie auch keinen empirischen Beweis benötigen, dass ein kühles Getränk an einem heißen Sommertag wunderbar erfrischend ist!

Energetische Heilung für sich und andere

Wir betrachten es als selbstverständlich, dass unser Geist unseren Körper beeinflusst. Peinliche Gedanken erweitern die Blutgefäße in unseren Wangen, ein Schock verengt sie. Wenn wir uns plötzlich im Mittelpunkt unerwünschter Aufmerksamkeit wiederfinden, wird unser Mund trocken, und wir schwitzen eventuell stärker als normal. Dann ist doch die Behauptung, dass körperliche Veränderungen oder auch körperliche Heilung bewusst hervorgebracht werden können, gar nicht mehr so weit davon entfernt.

Wenn Lehrer des Tibetischen Buddhismus erklären, wie der Medizin-Buddha funktioniert, sprechen sie davon, dass unser Körper aus Prana und Energie besteht, die vom

Geist so geleitet werden können, dass sie den Körper beeinflussen. Wenn unser Geist dynamisch und energetisch ist und von uns angeleitet werden kann, warum sollte er dann keine Wirkung auf die physische Form haben? Und wäre es nicht noch faszinierender, wenn wir auch andere Wesen beeinflussen könnten? Dies ist die Grundlage von Reiki und zahlreichen anderen Formen energetischer Heilung. Wenn geliebte Lamas krank werden, rezitieren bisweilen ganze Klöster Mantras und führen läuternde Rituale aus, um eine Wiederherstellung der Gesundheit herbeizuführen. Lehrer zögern nicht, ihren Studenten zu empfehlen, Heilungsübungen für geliebte Wesen auszuführen, sowohl für Tiere als auch für Menschen.

Darüber hinaus gibt es noch eine weitere Dimension. Obgleich ich mich bemüht habe zu betonen, dass es bei den Übungen, die Gottheiten beinhalten, nicht um die Anrufung einer externen Gottheit geht, die uns mit Gott-gleichen Kräften helfen soll, gibt es im Tibetischen Buddhismus nur wenig, was wirklich schwarz oder weiß ist, aber eine Menge von Dingen, die genauso vieldeutig sind, wie die Beschreibung von Materie durch einen Quantenphysiker!

Der ursprüngliche Medizin-Buddha, von dem zum ersten Mal in Manuskripten aus dem siebten Jahrhundert berichtet wurde, war ein ganz gewöhnlicher Mann, der gelobte, sich nach Erlangen von Erleuchtung der Linderung der Leiden und Krankheiten aller anderen Lebewesen zu widmen. Seitdem folgten ihm zahllose andere Menschen in die Erleuchtung. Ihr Bewusstsein existiert irgendwo, und wenn man ihr Mantra wiederholt, glaubt man daran, dass sie sofort davon wissen und zu helfen wünschen. Bisweilen wird hier das Bild eines Ringes zur Hilfe genommen, in den wir uns einhängen müssen, um uns in Sicherheit zu wähnen. Mit anderen Worten, irgendetwas muss auch von uns selbst kommen, wenn wir uns mit den Heilungsenergien der Buddhas verbinden wollen, was in diesem Fall die Übung des Medizin-Buddha ist. Andere erleuchtete Wesen mögen auf ähnliche Weise durch ihre Mantras angerufen werden, weswegen *Yidams* und Mantras eng miteinander verknüpft sind.

Die Rolle des Lehrers

Der Tibetische Buddhismus legt, speziell im Tantra, großen Wert auf die Rolle des Lehrers, oder Gurus. Einige Übungen setzen die Einweihung durch einen Lehrer voraus, bevor sie ausgeübt werden können. Das gilt so auch für eine andere Version des Medizin-Buddha, jedoch nicht für die, die ich hier vorstelle. Warum wird so ein Aufheben um diese Beziehung gemacht? Warum können wir nicht einfach ein YouTube-Video ansehen und danach sofort loslegen?

Sie würden ja auch nicht einfach eine medizinische Therapie ohne professionelle Betreuung beginnen. Selbst wenn Sie Arzneimittel ohne Rezept bekommen könnten, wie könnten Sie sich sicher sein, dass Sie auch die korrekte Dosis einnehmen? Anders ausgedrückt: Wenn Sie sich auf dieses pharmazeutische Terrain begeben, würden Sie nicht meinen, dasselbe Wissen zu besitzen, das sich Ärzte und Apotheker über Jahre hinweg angeeignet haben.

Genauso, wenn nicht noch ausgeprägter, verhält es sich auf dem Gebiet der energetischen Heilung. Da wir geistige Werkzeuge verwenden, die Antizipierung und Vorstellungskraft beinhalten, müssen Sie Vertrauen in diese Übungen haben, oder sie werden nicht funktionieren.

Als ich unterstrich, dass das Vertrauen eines Menschen in sein Arzneimittel genauso wirksam sein könnte wie das Mittel selbst, war das durchaus nicht nur provokativ gemeint. Glaubwürdigkeit ist wichtig. Wenn Sie einen chirurgischen Eingriff vornehmen lassen wollen, werden Sie sich sicher bemühen, den besten Arzt auf diesem Gebiet zu finden. Wie viel wichtiger ist aus der Sicht des Dharma also Ihre ultimative spirituelle Bestimmung?

Deswegen müssen wir auch so sorgfältig dabei vorgehen, sicherzustellen, dass unser eigener Lehrer wirklich glaubwürdig ist. Die Rolle des Lehrers, oder Gurus, ist ein sehr bedeutsames Thema, wie wir alle irgendwann feststellen werden. Seine oder ihre Rolle ist dabei nicht nur, die Ahs und Ohs der Übungen zu erklären, sondern auch, uns zu zeigen, wie diese auf unseren Dharma-Weg passen. Es gibt viele schwer greifbare Konzepte im Buddhismus, wobei *shunyata* wohl das Wichtigste ist, da sein Verständnis grundlegend für jegliche Tantra-Übung ist. Die Rolle eines Gurus besteht darin, dem Schüler dabei zu helfen, ein klares Verständnis dieser Konzepte zu erarbeiten. Zudem sind viele Übungen, der Medizin-Buddha eingeschlossen, voller Symbolik, und die Übermittlung ihrer Bedeutung ist eventuell nur persönlich möglich. Ihr Lehrer wird im Idealfall einige der Qualitäten eines Buddha verinnerlicht haben und Ihnen eine Quelle der Inspiration sein. Auf diese Weise entwickelt sich dann bei Ihnen die Überzeugung, dass die Verwirklichung von Eigenschaften eines Buddha nicht nur möglich ist, sondern tatsächlich das wichtigste Ziel Ihres Lebens darstellt.[12]

Sie mögen sich jetzt natürlich zu Recht fragen, was mir, David Michie, die Autorität verleiht, über den Medizin-Buddha zu schreiben.

Ich habe bereits erwähnt, dass ich keinerlei Behauptungen über meine eigenen Qualitäten, mein Verständnis oder meine Praxis mache. In dem Sinne ist daher nichts an mir persönlich außergewöhnlich. Was jedoch bemerkenswert ist, sind meine Lehrer. Ich erhielt meine Einweihungen zum Medizin-Buddha von Geshe Acharya Thubten

Loden und Zasep Tulku Rinpoche. Darüber hinaus wurden mir Belehrungen zu diesem Thema durch diese beiden Lehrer sowie durch meinen gütigen und edlen Lehrer Les Sheehy zuteil. Die Tradition meiner Meister, jener Wesen, die ich als Mitglieder meines eigenen spirituellen Stammbaums ansehen könnte, ist daher makellos. Im Himalaya gibt es eine Redewendung, die ungefähr so lautet: »Wenn du etwas über die Reinheit des Wassers wissen möchtest, untersuche das Eis, von dem es stammt.« Bitte überprüfen Sie also ruhig Details zu meinen Lehrern, denen ich vollkommen vertraue.

Dieses Buch kann Ihnen als Einführung in den Medizin-Buddha dienen, sodass Sie sich mit den Übungen vertraut machen und ihre starke Wirkung zur Anwendung bringen können. Im Laufe der Zeit können Sie sich dann um einen Lehrer bemühen, wenn Sie noch keinen haben.[13]

Ein paar Bemerkungen zu Visualisierungen

Visualisierungen fallen dann leichter, wenn wir mit dem, was wir visualisieren wollen, auch vertraut sind. Können Sie sich zum Beispiel vor Ihrem geistigen Auge ein Mobilgerät vorstellen? Oder die Vorderseite Ihres Hauses? Vertrautheit ist der Schlüssel. Sie werden sich den Medizin-Buddha leichter vorstellen können, wenn Sie Bilder von ihm an den Stellen aufhängen, an denen Sie sich oftmals im Laufe des Tages befinden. Neben dem Bildschirm Ihres Computers. Am Kühlschrank. Auf dem Nachttisch. Finden Sie Plätze, an denen Sie auf respektvolle Weise ein Bild anbringen können. Gewöhnen Sie sich an sein Aussehen, seine Farben, Gewänder, die Schale, Pflanzen – zunächst nur allgemeine Details. Die Einzelheiten werden mit der Zeit dazukommen, wodurch es immer leichter werden wird, ihn zu sehen, wenn Sie Ihre Augen schließen. Wenn Visualisierung nicht Ihre Stärke ist, reicht es sogar am Anfang, sich eine Kugel aus blauem Licht vorzustellen, die mit Heilungseigenschaften erfüllt ist.

Zur Bedeutung des Mantras des Medizin-Buddha

Das Mantra des Medizin-Buddha lautet wie folgt:

(Teyata) Om Bekandze Bekandze Maha Bekandze Bekandze Radza Samungate Soha[14]

Die Bedeutung der einzelnen Worte:

Teyata	Wie die
Om	Die Gesamtheit des Universums, das eigene Sein und die Vollkommenheit des Körpers, der Sprache und des Geistes eines Buddha
Bekandze	Die Beseitigung von Schmerzen oder Leid
Maha Bekandze	Die Beseitigung von großen Schmerzen oder großem Leid
Radza	König
Samungate	Ozean der Güte
Soha	So sei es

Traditionell beginnt jedes Mantra mit »*Om*« und endet mit »*Soha*«.

Einfach ausgedrückt ist die Bedeutung des Medizin-Buddha Mantras also:

»König des Ozeans der Güte, bitte beseitige alle Krankheiten und alles Leid sowie alle großen Krankheiten und alles große Leid.«

Das Wortes *bekandze*, also das Synonym für Heilung, wird dabei nicht nur aus poetischen oder rhythmischen Gründen wiederholt und soll dadurch auch nicht besonders betont werden. Allerdings soll durch die Wiederholung die Heilung auf verschiedenen Ebenen erbeten werden. Die erste Ebene ist dabei jene, die uns dazu gebracht hat, die Übung des Medizin-Buddha überhaupt zu beginnen. Dann folgt die Bitte, alle Ursachen zukünftiger körperlicher und mentaler Krankheiten zu beseitigen, wobei all jene, die mit dem Alter zusammenhängen, eingeschlossen sind.

Da im Buddhismus das Leiden als Folge grundsätzlicher Unwissenheit über die wahre Natur unserer Existenz angesehen wird, die sich als Karma und Verblendung in unserem Geist manifestiert, bitten wir schließlich auch noch um die Befreiung davon. Letztlich bitten wir dann noch darum, dass auch die subtilsten Prägungen derartigen Karmas und der solcher Verblendungen in unserem Geist geläutert werden.

Zusammenfassend geht das Mantra des Medizin-Buddha also noch über die Bitte nach Heilung eines akuten physischen oder mentalen Problems hinaus. Wir bitten mit diesem Mantra den König der Ozeanischen Güte, oder den Buddha in seiner heilenden Form, alle Ursachen unseres existenziellen Leidens zu beseitigen, um unsere eigene Buddha-Natur zu manifestieren, damit wir so allen Lebewesen von größtem Nutzen sein können.

Die Übung des Medizin-Buddha

Was Sie am Anfang benötigen

- Ein Zimmer, in dem Sie in den nächsten zwanzig Minuten Ruhe haben werden.
- Ein Stuhl mit aufrechter Rückenlehne oder ein Meditationskissen.
- Eine Ablage für das Buch, in dem Sie diesen Text lesen.
- Eine Mala, Gebetskette oder Rosenkranz, um die Mantras abzuzählen, ist hilfreich, aber nicht notwendig.

Nehmen Sie eine Meditationshaltung ein

Ganz gleich, ob Sie auf einem Stuhl oder einem Meditationskissen sitzen, bemühen Sie sich um die beste aufrechte Haltung, mit geradem Rücken, die möglich ist. Legen Sie Ihre Hände in den Schoß oder auf die Knie. Rollen Sie Ihre Schultern zurück und neigen Sie Ihren Kopf leicht nach unten.

Zuflucht und Bodhichitta

Wie auch bei jeder anderen Meditation des Tibetischen Buddhismus verwenden Sie eine kurze Weile darauf, Zuflucht zu nehmen und Ihre *Bodhichitta*-Intention zu aufzubauen. Rezitieren Sie die folgenden Zeilen dreimal, um sich auf diese Intention einzustimmen:

Ich nehme Zuflucht zu Buddha, Dharma
und Sangha.
Möge ich und alle Lebewesen durch die
Übung des Medizin-Buddha
Frei sein von Krankheit, Schmerzen
und Leiden und uns einer
widerstandsfähigen Gesundheit
erfreuen.
Möge ich zum Wohle aller Lebewesen
Erleuchtung erlangen.

Rezitation der *Vier Unermesslichkeiten*

Mögen alle Wesen glücklich sein und die wahren Ursachen des Glücks besitzen.
Mögen alle Wesen frei sein von Leid und von den wahren Ursachen des Leids.
Mögen alle Wesen niemals das Glück verlieren, das jenseits des Leidens ist.
Mögen sich alle Wesen in Frieden und Gleichmut befinden und ihr Geist frei sein von Anhaftungen und Abneigungen, sowie frei von Gleichgültigkeit.

Rezitation des *Siebengliedrigen Gebetes*

Mit Körper, Rede und Geist verbeuge ich mich vor dem Buddha.
Ich bringe reale und imaginierte Gaben dar, so groß wie das Universum.
Ich bereue meine Negativitäten und erfreue mich an allen Tugenden.
Bitte bleibt, bis jedes Lebewesen zur Erleuchtung gefunden hat.
Ich bitte um weise und barmherzige Anleitung.
Ich widme meine Tugenden und Verdienste sowie die Tugenden und Verdienste aller anderen der Erleuchtung aller Lebewesen.

Anrufung des Medizin-Buddha

Visualisieren Sie den Medizin-Buddha, wie er Ihnen gegenübersitzt und Sie ansieht. Sein Körper ist dunkelblau, wie Lapislazuli, eine archetypische Farbe der Heilung. Seine Natur ist Licht, wie ein Regenbogen oder ein Hologramm – lebendig, aber immateriell. In seiner linken Hand hält er eine Schale kraftvoller Heilungsnektare, in seiner rechten hält er eine Arzneipflanze, das Symbol der Heilung. Stellen Sie sich vor, dass er Ihnen ungefähr bis zur Höhe Ihrer Stirn reicht und sich etwa einen Meter vor Ihnen befindet. Er verkörpert alles erdenklich Schöne in seiner Gestalt. Er blickt Sie mit ebenso viel Liebe an wie eine Mutter ihr einziges Kind.

Stimmen Sie sich auf das energetische Gefühl seiner Gegenwart ein

Ganz wichtig ist es, dass Sie den Medizin-Buddha in einem wirklich realen Sinn spüren. Sie spüren ihn so intensiv, dass Sie ihn tatsächlich sehen würden, wenn Sie Ihre Augen öffnen würden. Versuchen Sie das Gefühl zu etablieren, dass Sie sich tatsächlich in der Gegenwart eines außergewöhnlichen Wesens befinden. Wenn Sie jemals die Ehre einer Audienz mit jemandem wie dem Dalai Lama hatten, werden Sie wissen, dass seine physische Anwesenheit eine wirklich greifbare Empfindung für sein Wesen mit sich bringt. Sie spüren eine energetische Präsenz. Dies gilt gleichermaßen für den Medizin-Buddha.

Das Ersuchen

Ersuchen Sie den Medizin-Buddha, Ihnen auf eine Art und Weise beizustehen, die notwendig ist, um Ihnen oder der Person, für die Sie die Übung ausführen, zu helfen. Sie müssen kein medizinisches Wissen oder besondere Kenntnisse hinsichtlich der notwendigen physiologischen Veränderungen haben. Beispielsweise könnten Sie darum bitten, dass die Schmerzen nachlassen, die Widerstandsfähigkeit verbessert wird, die Beschwerden einer Vireninfektion, wie Halsschmerzen und Fieber, nachlassen, die Genesung beschleunigt wird oder auch, dass psychische Zustände wie Angst, Depression oder Hoffnungslosigkeit aufgelöst werden. Wir können auch um Beistand für die Veränderung von Umständen bitten, die zu einer Verschlimmerung der Krankheit beigetragen haben, wie beispielsweise Armut, Arbeitsstress, schlechte

Lebensbedingungen und dergleichen mehr. Wir können darum für uns selbst oder für andere bitten.

Visualisiere die heilenden Lichter und Nektare

Stellen Sie sich vor, dass der Medizin-Buddha Ihre Bitten gerne erfüllt. Sofort strömen tiefblaue Heilungslichter und Nektare aus seinem Herzen, fließen zum Scheitel Ihres Kopfes und von dort nach unten und erfüllen so Ihren gesamten Körper – oder den Körper des Wesens, für das Sie die Übung ausführen. Sie können die Lichter und Nektare anfangs zu bestimmten Körperstellen lenken. Doch es gibt einen solchen Überfluss davon, dass diese schließlich den ganzen Körper ausfüllen werden.

Wenn Sie möchten, können Sie sich auch andere Farben und Nektare vorstellen, die von seinem Herzen in Ihren Scheitel einfließen. Die Farbe Weiß symbolisiert in der Regel Läuterung und Frieden, die Farbe Orange Überfluss und Fülle, und Rot steht für Energie. Die Farbe Dunkelblau ist besonders wirksam. Stellen Sie sich vor, dass dieser Prozess jegliche Krankheit, alle Schmerzen und Leiden sowie auch die Ursachen für Krankheit, Schmerzen und Leiden sofort, vollständig und dauerhaft eliminiert und läutert. Stellen Sie sich vor, dass er um vieles wirksamer ist als die wirksamste medizinische Behandlung.

Rezitiere das Mantra des Medizin-Buddha

Während Sie mit der Visualisierung fortfahren, rezitieren Sie das Mantra des Medizin-Buddha.

Om Bekandze Bekandze
Maha Bekandze Bekandze
Radza Samungate Soha[15]

Es wird wie folgt ausgesprochen:
Om beck-and-zay, beck-and-zay,
ma-ha beck-and-zay, beck-and-zay,
run-zuh sum-oon-gut-eh so-ha.

Das Wort »*Teyata*« wird nur bei der ersten Rezitation in jeder Übung ausgesprochen. Es bedeutet so etwas wie »Dir gebe ich mein Ja«. Wenn Sie noch nicht so vertraut mit der Übung sind, rezitieren Sie das Mantra ungefähr zehn Minuten lang. Wenn Sie fortgeschrittener sind, können Sie es auch noch länger rezitieren.

Widmung

Beenden Sie die Übung mit einer Widmung:

> Möge ich *(oder das Wesen, für das Sie die Übung ausführen)* und alle Lebewesen frei sein von Schmerzen, Krankheit und Leiden.
> Möge der kostbare, höchste Geist des Bodhichitta in jene Einzug halten, die bisher noch nicht von ihm inspiriert wurden,
> Und möge er nicht abnehmen in denen, die ihn bereits entwickelt haben, sondern kontinuierlich zunehmen.

Eine Bemerkung zum Abzählen von Mantras

Eine Mala-Kette ist eine traditionelle Methode, um die Anzahl der rezitierten Mantras abzuzählen. Eine Mala am Handgelenk hat in der Regel 24, eine Mala-Kette 108 Perlen. Damit kann man 21 oder 100 Mantra-Rezitationen abzählen – wobei angenommen wird, dass die Konzentration in jedem Fall nach ein paar Perlen nachlässt! Sie könnten sich also vornehmen, eine Mala-Runde einem bestimmten Heilungsaspekt zu widmen – wie beispielsweise der Schmerzreduzierung – eine weitere Runde dann einem anderen Aspekt – wie zum Beispiel einer beschleunigten Genesung. Oder Sie widmen eine Runde der einen Person, eine weitere Runde jemand anderem. Sie könnten sich eine Liste für Ihre Übung zusammenstellen. Meiner Erfahrung nach kann ich mich umso besser auf jedes einzelne

Mantra konzentrieren, je strukturierter meine Übung ist.

Zusammenfassung

Ich hoffe, diese kurze Zusammenfassung zum Medizin-Buddha hilft Ihnen dabei, mit Ihren eigenen Übungen zu beginnen. Meine Intention war es, Ihnen eine zugängliche Einführung in diese kostbare Übung zu vermitteln, mit der Sie resonieren können.

Wenn Sie neugierig geworden sind, kann ich nicht genug betonen, wie wichtig es ist, einen qualifizierten Lehrer zu finden, der Ihnen dann weiterführende Einweisungen geben und, wenn die Zeit reif ist, auch Einweihungen oder Ermächtigungen zum Medizin-Buddha zuteilwerden lassen kann.[16] Diese werden Sie befähigen, auf einer stärker transformativen Ebene auf die außergewöhnlichen Kräfte dieser Kriya-Tantra Übung zugreifen zu können.

◆◆◆

Ich möchte dieses Buch so schließen, wie ich es auch begonnen habe, indem ich meinen eigenen Dharma-Lehrern gegenüber meine tiefste Dankbarkeit ausdrücke:

Geshe Acharya Thubten Loden, Gründer der Tibetan Buddhist Society in Australien;
Les Sheehy, Direktor der Tibetan Buddhist Society in Perth, West-Australien;
und dem ehrwürdigen Acharya Zasep Tulku Rinpoche, Gründer des Gaden for the West.
Ich werde ihre Güte niemals wiedergutmachen können und dieses Buch wäre ohne sie niemals geschrieben worden.

Solange der unermessliche Raum
Bestand hat
Und solange noch empfindende Wesen
da sind,
Möge auch ich ausharren,
um das Elend der Welt zu verringern.

Shantideva: *Eintritt in den Weg des Erwachens.*

Besondere Danksagung

Ein besonderer Dank gebührt meinen Brüdern und Schwestern im Dharma, Susan Cameron, Bruce Muhlhan und Ree Watson, sowie meiner geliebten Ehefrau Koala für ihren Beistand und ihre Einsichten beim Schreiben dieses und auch weiterer Bücher.

Anmerkungen

1 *Shunyata* = Leerheit; Freiheit von Dualität und empirischen Formen. (Anm. d. Ü.)
2 https://davidmichie.substack.com/p/what-is-shunyata
3 SSRI = vom engl. Selective Serotonin Reuptake Inhibitors
4 Rupert Sheldrake, Das schöpferische Universum. Die Theorie des morphogenetischen Feldes, Ullstein 1993.
5 Bei der *mind-watching-mind*-Meditation handelt es sich um eine Achtsamkeits-Meditation, bei der man sich bemüht, den Geist jenseits der Gedanken wahrzunehmen. (Anm. d. Ü.)
6 Ein *Yidam* ist eine persönliche Schutzgottheit, die in der Meditation visualisiert wird. Im Tibetischen Buddhismus stehen *Yidams* auch für Manifestationen der drei Körper (der drei Ebenen der Wirklichkeit) eines Buddha. Sie werden auch mit Körper, Rede und Geist des Meisters gleichgesetzt. (Anm. d. Ü.)
7 https://davidmichie.com/why-does-tibetan-buddhism-have-deities/
8 *Bodhichitta*: Das Streben oder die Erzeugung des Strebens nach Erleuchtung. (Anm. d. Ü.)

9 Bei den *Vier Unermesslichkeiten* oder göttlichen Verweilzuständen (*Brahma-Vihara*) handelt es sich um eine Meditationsübung, bei der der Übende in sich vier positive Geisteszustände erweckt und in alle Himmelsrichtungen ausstrahlt: grenzenlose Güte (*Maitri*) allen Wesen gegenüber, grenzenloses Erbarmen (*Karuna*) mit allen Leidenden, grenzenlose Freude (*Mudita*) über die Errettung anderer vom Leid, grenzenloser Gleichmut (*Upeka*) Freund und Feind gegenüber. (Anm. d. Ü.)

10 Das siebengliedrige Gebet oder die siebengliedrige Übung hat seinen Ursprung in Shantidevas Text »Eintritt in das Verhalten eines Bodhisattva« (Skt. „*Bodhicharyavatara*"). (Anm. d. Ü.)

11 Falls Sie noch mehr über die buddhistischen Konzepte der letzten Seiten nachlesen möchten, kann ich Sie auf diese (englischen) Webseiten verweisen:
Zuflucht nehmen (Taking refuge): https://www.samyeling.org/buddhism-and-meditation/teaching-archive-2/choje-akongtulku-rinpoche/the-meaning-of-taking-refuge/
Die Entwicklung von Bodhichitta (Cultivating *bodhichitta*): https://www.lamayeshe.com/article/bodhicitta-perfection-dharma-0
Die vier Unermesslichkeiten (The four immeasurables): https://tricycle.org/magazine/four-immeasurables/

Das siebengliedrige Gebet (The seven limb prayer): https://www.jewelheart.org/blog/the-seven-limbs-or-seven-practices/
Widmung (Dedication): https://www.lionsroar.com/how-to-practice-dedicating-merit/
Shunyata – Eine Einführung: https://davidmichie.com/the-santa-clause-like-me/

12 Wenn Sie mehr dazu wissen möchten, lesen Sie bitte hier nach. https://www.lamayeshe.com/article/chapter/chapter-three-relying-spiritual-teacher

13 Auf dieser Webseite finden Sie Hinweise auf buddhistische Zentren. Wobei Sie sich auf Vajrayana Lehrer konzentrieren sollten. www.buddhanet.net.

14 Hier können Sie eine westliche Wiedergabe des tibetischen Mantras anhören, die von Yeshe Donden, dem ehemaligen Arzt des Dalai Lamas, anerkannt wurde: https://www.worldwidehealingcircle.net/sound/Medicine%20Buddha%20Mantra%20short.mp3

15 Hier können Sie eine westliche Wiedergabe des tibetischen Mantras anhören, die von Yeshe Donden, dem ehemaligen Arzt des Dalai Lamas, anerkannt wurde: https://www.worldwidehealingcircle.net/sound/Medicine%20Buddha%20Mantra%20short.mp3

16 Eine Ermächtigung oder Einweihung ist eine friedvolle, geführte Meditation, durch die eine

besondere Verbindung mit einem bestimmten Buddha hergestellt wird. (Anm. d. Ü.)

Über den Autor

David Michie ist der Autor der internationalen Bestseller-Serie »Die Katze des Dalai Lama« sowie zahlreicher Sachbücher über Buddhismus.

2015 gründete er *Mindful Safaries to Africa*. Auf den von ihm organisierten Reisen nach Afrika verbindet er Safaris mit Meditationsübungen, um unerschlossene Plätze im Inneren und Äußeren zu erkunden.

Weitere Informationen dazu finden sich unter: **www.davidmichie.com**

Weitere Bücher von David Michie

Der Magier von Lhasa
Dieser spirituelle Thriller des Bestseller-Autors David Michie entführt seine Leser in die parallelen Welten von Buddhismus und Quantentechnologie. Der junge buddhistische Mönch Tenzin Dorje durchlebt das Chaos der Besetzung Tibets durch die Rote Armee in den 50er Jahren und findet gerade in dieser Zeit die Erfüllung seines Lebens. Fünfzig Jahre später sieht sich der Londoner Quantenwissenschaftler Matt Lester Gewissensentscheidungen ausgesetzt, die sein gesamtes Weltbild erschüttern, als seine idealistische wissenschaftliche Anschauung mit den skrupellosen materiellen Interessen eines Investment-Oligarchen zusammenprallt. Doch die Leben der beiden Männer sind merkwürdig miteinander verknüpft, wobei sich erst im letzten Kapitel der Kreis schließt und die unerwartete Verbindung offenbart.
Ein Buch, bei dem jedes Kapitel die Spannung erhöht und diese Spannung bis zum Ende durchhält.
ISBN 978-3-89427-906-6

Die Fortsetzung vom Magier von Lhasa:
Das geheime Mantra
ISBN 978-3-89427-92

Spritzig, subversiv, warmherzig – *Instant Karma* zeigt David Michie von seiner besten Seite.

„Warum glauben nicht alle an Karma?“ Lama Tashi wiederholte die Frage mit einem verschmitzten Augenzwinkern. „Die Antwort ist ganz einfach.“ Er blickte in den von Kerzen erleuchteten Raum, in dem sich seine Schüler auf ihren Meditationskissen entspannten. „Das liegt daran, dass Karma nicht augenblicklich wirkt. Wenn der Ursache unmittelbar die Wirkung folgen würde, gäbe es keinen Zweifel.“

Was wäre, wenn wir alle eines Tages aufwachen und entdecken würden, dass auf jede großzügige Tat bald darauf ein unerwarteter Glücksfall folgte? Wenn Diebstahl oder Verrat zu einer schnellen Katastrophe führten? Innerhalb von Minuten würde jeder von uns die sofortigen Auswirkungen des Karma spüren. Innerhalb weniger Stunden würden nicht nur spirituelle Menschen versuchen, die neue Ordnung zu erforschen – jeder würde es versuchen.

Instant Karma ist die Geschichte eines einzigen Tages. Eine außergewöhnliche Vision, abwechselnd urkomisch und ergreifend.

ISBN 978-3-89427-928-8

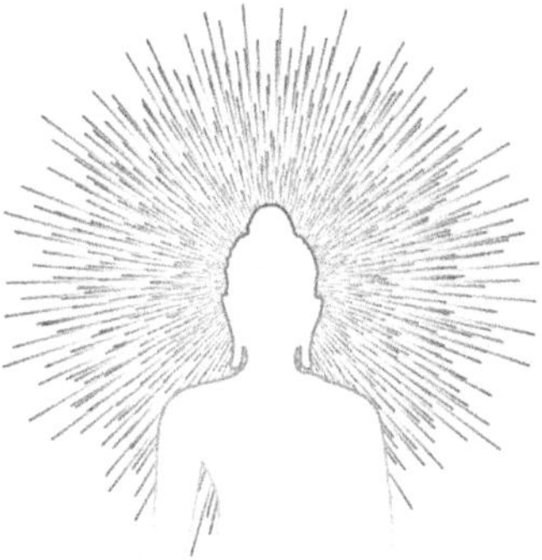